Bibi & Tina

Die 6 schönsten Reiterhof-Abenteuer

von Vincent Andreas, Matthias von Bornstädt, Sandra Meyer, Doris Riedl, Rainer Wolke

Lesen lernen

Leseanfänger

ab 6 Jahren

Klett Lerntraining

In diesem Buch kommt das Wort Blacky vor. Du sprichst das Wort so aus: „Bläcki". Black ist ein englisches Wort und bedeutet schwarz.

Autoren:
Vincent Andreas: Pferde-Abenteuer in den Bergen
Matthias von Bornstädt: Die große Pony-Party, Pferdedieben auf der Spur
Sandra Meyer: Spuk auf dem Martinshof
Doris Riedl: Hilfe, ein Lama!
Rainer Wolke: Flammen auf dem Martinshof

Der vorliegende Band ist eine Zusammenstellung aus: 978-3-12-949409-7, 978-3-12-949529-2, 978-3-12-949614-5, 978-3-12-949394-6, 978-3-12-949616-9, 978-3-12-949663-3

Lösungswort Hufeisen-Quiz: Pferdeställe

Bibliografische Information der Deutschen Nationalbibliothek
Die Deutsche Nationalbibliothek verzeichnet diese Publikation in der Deutschen Nationalbibliografie; detaillierte bibliografische Daten sind im Internet über http://dnb.dnb.de abrufbar.

Dieses Werk folgt der neuen Rechtschreibung und Zeichensetzung.

„Hexspruch" ist ein Begriff aus der Welt von Bibi Blocksberg.

2. Auflage 2021

© 2021 KIDDINX Studios GmbH, Berlin
Redaktion: Susanne Stephan
Lizenz durch KIDDINX Media GmbH
Lahnstraße 21, 12055 Berlin

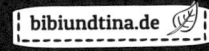
bibiundtina.de

© PONS GmbH, Stöckachstraße 11, 70190 Stuttgart 2021. Alle Rechte vorbehalten.
www.klett-lerntraining.de, kundenservice@klett-lerntraining.de
Illustrationen: Madlen Frey und Till Bayreuther, Münster
Satz: tebitron gmbh, Gerlingen
Druck: Aumüller Druck GmbH & Co. KG, Regensburg
Bindung: Conzella Verlagsbuchbinderei Urban Meister GmbH & Co KG, Pfarrkirchen
Printed in Germany
ISBN 978-3-12-949664-0

Vorfreude auf dem Martinshof

Heute wird der Martinshof
festlich geschmückt.
Die Bewohner des Hofes wollen
eine große Party feiern.
Jemand hat Geburtstag.

Es gibt sogar
zwei Geburtstagskinder!
Sind es Bibi und Tina?
Oder Holger und Frau Martin?

Nein! Die Ponys Max und Moritz
haben heute Geburtstag.
Bibi und Tina schmücken
die beiden.
Den Pferdeschmuck haben
die Mädchen selbst gebastelt.

Auch in der Küche
wird fleißig gearbeitet.
Frau Martin backt
mit den Ferienkindern
Leckereien für die Pferde.
Alle machen begeistert mit.

Nur ein Mädchen
macht ein mürrisches Gesicht.
„Was hast du denn, Mia?",
fragt Frau Martin die Kleine.
Doch Mia antwortet nicht.

Sie nimmt die Schüssel
und stößt sie weg.
Flatsch! Der ganze Teig
landet auf dem Küchenboden.
„Was soll das denn?",
fragt Frau Martin überrascht.

„Pah! Ich habe keine Lust
auf diese blöde Party!",
erwidert Mia patzig.
„Komisch. Warum ist Mia heute
bloß so schlecht gelaunt?",
denkt Frau Martin.

Wo ist Mia?

Wenig später ist alles fertig,
und die Party kann starten.
Max und Moritz genießen es,
im Mittelpunkt zu stehen.

Auf dem ganzen Martinshof
herrscht eine tolle Stimmung.
Ob sich auch Mia
davon anstecken lässt?
Frau Martin sieht sich suchend
nach dem Mädchen um.

MORITZ

Doch sie kann Mia
nirgends entdecken.
„Vielleicht hat sie sich
im Schlafraum verkrochen?",
überlegt Tina.

Sie schaut im Schlafraum nach,
aber Mia ist nicht da.
Zusammen mit Bibi sucht Tina
auch in den Ställen
und in der Scheune.
Leider ohne Erfolg.

Doch dann entdeckt Bibi
ein rotes Tuch vor dem Hoftor.
Das Halstuch gehört Mia!
„Sie muss fortgelaufen sein",
ahnt Frau Martin.
„Wenn ihr bloß nichts passiert!"

Tierische Helfer

Bibi denkt nach
und kommt auf eine Idee:
„Mia hat viel Zeit
mit Max und Moritz verbracht.
Vielleicht können die Ponys
uns beim Suchen helfen?"

Bibi nimmt Mias Halstuch
und hält es Moritz
vor die Nüstern.
Moritz schnuppert neugierig
an dem roten Tuch.

Danach riecht Max
an Mias Halstuch.
Plötzlich wiehern beide Ponys.
Sie scharren aufgeregt
mit ihren Hufen.
Die Suche kann beginnen!

Bibi und Tina führen die Ponys
mit lockeren Zügeln vom Hof.
Die Zwillinge laufen
einen Waldweg entlang.
Sie schnuppern immer wieder
wie Spürhunde am Boden.

Kurz darauf erreichten sie
den See am alten Steinbruch.
„Da ist Mia ja!",
ruft Bibi aufgeregt.
In einem kleinen Boot treibt
das Mädchen auf dem See.

Mia paddelt hilflos
mit einem einzigen Ruder.
Das andere Ruder
ist ins Wasser gefallen.
Über Mias Gesicht
laufen viele dicke Tränen.

Das Rätsel wird gelöst

„Mia, alles wird gut.
Wir helfen dir!",
ruft Bibi und hext:
„Eene meene letztes Teil,
an das Boot ein starkes Seil!
Hex-hex!"

Schon ist am Boot
ein dickes Seil verankert.
Die Seilenden befestigt Bibi
an den Halftern der Pferde.
Langsam ziehen die Ponys
das Boot zurück an Land.

Mia reibt sich die Tränen
aus den Augen.
„Warum bist du denn
weggelaufen?",
fragt Tina sie.
Da muss Mia wieder weinen.

„Na, weil … weil ich heute
doch auch Geburtstag habe!",
sagt sie schluchzend.
„Aber an mich hat keiner gedacht.
Nur Max und Moritz haben
eine schöne Party bekommen."

„Ach so ist das!",
sagt Bibi sanft.
„Wir haben von deinem Geburtstag
leider gar nichts gewusst.
Aber es ist noch nicht zu spät
zum Feiern!"

Zurück auf dem Hof darf Mia
zwei Geburtstagsrunden reiten.
Zuerst reitet sie auf Max,
dann auf Moritz.
So feiern alle zusammen
eine wunderbare Mia-Pony-Party!

Überraschung!

Auf dem Martinshof ist heute
großer Putztag.
Der ganze Hof wird
von oben bis unten
blitzeblank geputzt.
Alle helfen fleißig mit.

Bibi und Tina putzen die Fenster.
Da fährt eine Kutsche vor.
„Das ist doch der Mühlenhof-Bauer,
wundert sich Bibi.
„Was macht er denn hier?"

Die Antwort kommt sofort.
Aus der Kutsche steigt ...
„Tante Paula!",
ruft Tina erstaunt.
Der Bauer hat sie vom Bahnhof
zum Martinshof mitgenommen.

„Überraschung!", ruft die Tante
und stapft freudig zum Haus.
Damit hat keiner gerechnet.
Auch Frau Martin ist baff.
„Na, dann herzlich willkommen!"

Tante Paula will helfen ...

Bibi und Tina sollen den Koffer
ins Gästezimmer bringen.
„Der ist aber schwer!",
stöhnt Bibi und hext:
„Eene meene mein,
Koffer, schwebe rein! Hex-hex!"

Tante Paula möchte sich gleich
nützlich machen.
Sie will einen Kuchen backen.
„Ich habe ein neues Rezept
für einen Apfelkuchen erfunden!",
erklärt sie stolz.

Danach will sie Wäsche waschen.
Frau Martin seufzt.
„Sie möchte doch nur helfen",
sagt Tina und Bibi ergänzt:
„Also, ich freue mich auf
den leckeren Kuchen!"

Doch was ist das?
Die ganze Wäsche ist rosa!
Tante Paula hat wohl
eine rote Socke übersehen.
Und in der Zwischenzeit
verbrennt auch noch der Kuchen!

Das hat gerade noch gefehlt!
Frau Martin ist sauer.
Tante Paula tut alles sehr leid.
Sie möchte Frau Martin und
die Kinder wieder aufmuntern.

„Lasst uns ein Lagerfeuer
machen!", sagt sie freudig.
Frau Martin hat Bedenken,
denn die Ferienkinder sind müde.
„Och bitte", betteln Bibi und Tina
und können Tinas Mutter überreden.

Als es dunkel wird,
sitzen alle am Lagerfeuer
und machen es sich gemütlich.
Tante Paula spielt ein Lied
auf ihrer Mundharmonika.
Plötzlich ertönt ein Knall.

Alle zucken zusammen.
Nur Tante Paula schmunzelt.
„Das war bestimmt Kurt", sagt sie.
„Der Kobold Kurt vom Martinshof."
Das Ferienkind Ella sieht sie
ungläubig an.

„Ja, Kurt macht gern Radau",
kichert die Tante.
„Tante Paula macht nur Spaß",
beruhigt Frau Martin das Kind.
Bibi stimmt noch ein Lied an,
und Kurt ist schnell vergessen.

Hier spukt es doch!

In der Nacht wird Ella wach.
Sie will ein Glas Wasser trinken
und geht zur Küche.
Als sie die Küchentür öffnet,
huscht etwas an ihr vorbei.
Ella erschrickt.

„Das war doch nicht etwa ...",
denkt sie voller Angst.
Sie läuft so schnell sie kann
zurück in ihr Bett
und verkriecht sich
unter ihrer Bettdecke.

Am nächsten Tag gähnt
das Mädchen pausenlos.
„Du bist aber noch müde",
stellt Bibi besorgt fest.
„Kannst du denn reiten?"
„Klar!", antwortet Ella schnell.

Sie möchte unbedingt
mit den Anderen ausreiten.
Und vor allem nicht länger
an Kobolde denken!
Auch Tante Paula freut sich.
Sie wartet schon im Pferdestall.

Beim Satteln der Pferde
macht es plötzlich „platsch!".
Die Tante hat aus Versehen
einen Eimer Wasser umgekippt.
Ella wird kreidebleich.
„War das Kurt?", flüstert sie.

Tante Paula hat Mitleid mit Ella.
„Aber nein, mein Liebes,
Kobolde gibt es gar nicht",
erklärt sie sanft.
„Das war doch nur ein Witz."

Genau in diesem Moment
fällt mit einem lauten Plumps
eine Schaufel auf den Boden.
Und ein Knäuel aus Stroh
hüpft hinterher.
Jetzt machen alle große Augen.

Noch eine Überraschung

Das Knäuel dreht eine Runde
durch den Pferdestall
und düst dann wie ein Wirbelwind
hinaus in den Hof.
Bibi hat eine blendende Idee.

![Illustration: Bibi steht im Pferdestall neben einem weißen Pferd.]

Sie schnappt sich blitzschnell
Tante Paulas Reitkappe,
rennt dem Knäuel hinterher
und fängt es damit ein.
Jetzt sind alle gespannt,
Ella ganz besonders.

Bibi dreht die Kappe um
und sagt lächelnd:
„So einen niedlichen Kobold
habe ich ja noch nie gesehen!"
Auch Tante Paula lacht:
„Das ist doch meine Mietzi!"

Das Kätzchen hatte sich
vor Tante Paulas Abreise
in der Hutschachtel versteckt.
Ella atmet auf.
Endlich ist der Spuk vorbei!
Und alle schließen Mietzi
sofort in ihr Herz.

Überraschender Besuch

Heute am frühen Morgen
rollt die Post auf den Martinshof.
„Ist das etwa ein neues Pferd?",
fragt Bibi. Tina ruft begeistert:
„Nein, das ist ein Lama!"

Der Fahrer übergibt Frau Martin
einen Brief. Gespannt liest sie vor:

„Liebe Susanne,
ich habe Pablo im Urlaub gekauft.
Bitte pass auf ihn auf,
bis ich zurück bin. Vielen Dank!
Deine Paula"

„Sicher ist Pablo hungrig!",
überlegt Bibi und krault ihn.
Sie läuft mit Tina in den Stall.
Dort holen sie frisches Heu.
„Hilfe!", ertönt in dem Moment
ein Schrei vom Obstgarten.

Die beiden eilen nach draußen.
„Was machen Sie auf dem Baum?"
fragt Tina den Grafen.
„Ich wollte nur einen Butterkuchen
abholen", sagt er zitternd.

„Aber dieses Raubtier hat mich
über den Hof gejagt!",
regt der Graf sich auf.
„Das ist doch nur Pablo!
Er ist ganz friedlich!",
beruhigt Bibi den Grafen.

„Friedlich? Es ist gefährlich!",
schnaubt der Graf.
„Das Lama muss weg.
Mir gehört der Martinshof!"
droht er und stampft wütend davon.

Ab ins Grüne!

„Auweia! Was machen wir jetzt?",
fragt Tina besorgt.
Frau Martin bleibt ruhig.
„Falko ist sicher nur nervös
wegen seines Picknicks heute
mit Baronin Karolin!"

„Achso! Dann ist ja alles klar …",
zwinkert Bibi Tina zu und füttert
das Lama mit dem frischen Heu.
„Zuerst zeigen wir Pablo
die Koppel!", schlägt Tina vor.

Pablo begrüßt die Pferde
mit einem fröhlichen „liiiek!".
Er geht mit Bibi und Tina
über die Wiesen.

Plötzlich hebt Pablo den Schwanz
und legt seine Ohren nach vorn.
Offenbar wittert er etwas.
„Bleib da!", ruft Tina.
Doch zu spät!
Pablo galoppiert bereits davon.

Außer Rand und Band

„Aaaah, der schöne Butterkuchen!",
kreischt die Baronin aufgeregt.
Pablo ist mit seinen Füßen
über die Picknick-Decke gestapft.

Jetzt verfolgt er den Grafen
neugierig quer über die Wiese.
Bibi hext schnell:
„Eene meene Gartengrill,
Pablo steht jetzt sofort still.
Hex-hex!"

Der Graf ist außer sich.
„Dieses Lama m-macht nur Drama!",
stottert er wütend.
„Ich rufe die Polizei!
Sie soll das Tier abholen."

Bibi beruhigt den Grafen:
„Wir bringen Pablo in den Stall."
Sie macht sich mit Tina und Pablo
auf den Heimweg.
Tina überlegt: „Warum läuft Pablo
dem Grafen ständig nach?"

„Hat der Graf etwas an sich,
was Pablo anzieht?", fragt Bibi.
„Anzieht? Na klar!
Der neue Pullover des Grafen
ist aus Lamawolle!", ruft Tina.
„Das hat mir Alex erzählt."

„Pablo hält den Grafen sicher
für ein anderes Lama,
weil er genauso riecht",
lacht Bibi erleichtert.
In diesem Moment
rennt Pablo wieder davon.

Neue Freunde

„Kommen Sie, Baronin!
Auf dem Boot ist es ruhiger",
verspricht der Graf Karolin und
reicht ihr seine Hand.
Da düst Pablo heran und
hüpft zuerst zum Grafen ins Boot.

„Hilfe!", ruft der Graf
und will aussteigen.
Das Boot hat sich schon
vom Ufer entfernt.
„Rettet den Grafen!",
ruft die Baronin aufgeregt.

„Bibi, du musst hexen!",
ruft Tina aufgeregt.
„Nein, muss ich nicht", lacht Bibi.
„Ich glaube, die beiden müssen
sich nur besser kennenlernen!"

Ängstlich weicht der Graf zurück,
doch Pablo ist ganz friedlich.
Er kommt vorsichtig näher
und legt sanft seinen Kopf
auf die Schulter des Grafen.

„Er tut mir ja gar nichts!",
erkennt der Graf erstaunt.
Freudig streicht er dem Lama
durchs weiche Fell.
Er rudert mit ihm zurück.

Am nächsten Tag liefert die Post
eine große Holzkiste.
Bibi und Tina staunen und rufen:
„Die ist ja voll mit Lamafutter!"
Sie finden einen Zettel:

Frau Martin ist sehr erstaunt.
„Wie habt ihr das geschafft?",
fragt sie die Mädchen.
„Das war gar nicht so schwer",
lacht Tina.

„Wir haben dem Grafen gezeigt,
dass die beiden dasselbe mögen",
sagt Bibi kichernd.
Sie erzählt Frau Martin
von Falkos und Pablos Liebe
zu Lama-Pullovern.

Picknick mit Wolken

Es ist ein schöner Sommertag.
Bibi, Tina und Alexander
sitzen auf einer Decke am See
und picknicken.
Die drei Pferde grasen.
„Herrlich!", jubelt Bibi.

Sie lässt sich ins Gras fallen.
Doch was ist das?
Am Himmel ziehen
schwarze Wolken auf.

„Das Gewitter geht bald los!",
meint Alexander.
Blitzschnell packen
die drei Freunde zusammen.

Bibi, Tina und Alexander
reiten durch den Wald zurück.
Die Wolken am Himmel
werden immer dunkler.
Doch sie haben Glück.
Trocken erreichen sie den Hof.

Rasch helfen die drei Freunde
Holger und Tinas Mutter.
Alle Tiere müssen in den Stall.
Manche Ferienkinder fürchten sich.
Besonders der kleine Bodo.
Doch Frau Martin tröstet ihn.

„Das war knapp", stöhnt Tina
und plumpst auf einen Stuhl.
Donner kracht.
Plötzlich schlägt ein Blitz
in den großen Baum ein!

Feueralarm!

Bibi, Tina und Alexander laufen
zum Fenster.
Der Baum brennt!
Überall ist Rauch.
Alex reagiert am schnellsten.
Er alarmiert die Feuerwehr.

„Wir können nicht
auf die Feuerwehr warten!",
beschließt Frau Martin.
„Im Stall ist trockenes Stroh,
das darf kein Feuer fangen!"
Holger läuft sofort nach draußen.
Bibi, Tina und Alexander folgen ihm.

„Ich hole den Schlauch,
dreht ihr das Wasser auf!",
ruft Holger.
Aber der Wasserstrahl
ist viel zu schwach.
Der Baum brennt weiter.

Frau Martin bringt alle Kinder
auf die Pferdekoppel.
„Keine Angst",
beruhigt sie die Kleinen.
„Bis hierher kann das Feuer
nicht kommen!"

Alex läuft in den Kuhstall und
treibt die Tiere auf die Weide.
Tina kümmert sich um die Hasen.
Bibi bringt die Enten
in Sicherheit.

Dann sind die Pferde dran.
Tina führt alle nach draußen,
aber Snoopy scheut.
Das Pony hat zu große Angst
vor dem lodernden Feuer.
Es will einfach nicht aus der Box.

Snoopy hat Angst

Bibi steht in der Box von Snoopy.
„Hab keine Angst, mein Kleiner",
flüstert sie.
Doch das niedliche Pony
lässt sich nicht beruhigen.

Da kommt Tina
ihrer Freundin zu Hilfe.
Sie bringt eine saftige Möhre mit.
Aber auch damit
lässt sich Snoopy nicht locken.

Bibi sieht Tina fragend an.
„Hier hilft nur Hexerei, oder?"
Tina nickt.
„Eene meene kleiner Riese,
du siehst eine Blumenwiese.
Hex-hex!"

Sofort entspannt sich Snoopy.
Das Pony schnaubt vergnügt.
Tina und Bibi können es leicht
auf die sichere Koppel führen.

„Jetzt sind alle Kinder und Tiere
in Sicherheit!",
glaubt Frau Martin.
Tina sieht sich um.

Das Lämmchen ist da,
Ziegenbock Hoheit und …
„Nein!", ruft Tina plötzlich.
„Huhn Berta fehlt noch!"
Frau Martin wird bleich.
„Und der kleine Bodo",
stammelt sie.

Wo ist Bodo?

Bodo ist verschwunden!
„Sicher hat er sich
aus Angst irgendwo versteckt",
vermutet Frau Martin.
Und wo ist Huhn Berta?
Sofort schwärmen alle aus
und suchen die beiden.

Da hört Bibi ein Lachen.
Hinter der Regentonne
bewegt sich etwas.
„Hihi, hör auf, Berta",
kichert jemand.
„Das kitzelt!"

Hinter der Tonne sitzt Bodo
mit einem Nest auf seinem Schoß.
Darin hockt Berta.
„Sie wollte ihr Nest
nicht verlassen", erklärt Bodo.

„Ich konnte sie doch nicht
allein lassen!"
Bibi und Bodo bringen Berta
in die alte Hundehütte.
Da kommt endlich die Feuerwehr!
Im Nu ist der Brand gelöscht.

Am nächsten Morgen
scheint wieder die Sonne.
Um die Rettung zu feiern,
frühstücken alle draußen.
„Seht mal!",
ruft Bodo plötzlich.

Über den Hof trippelt Berta.
Gefolgt von vier Küken!
Bibi ruft:
„Kein Wunder, dass sie ihr Nest
nicht allein lassen wollte!"

Ein rätselhaftes Blinken

„Bibi, schau mal, wie bunt
der Schmetterling ist!", staunt Tina.
„Oh, wie schön! Hörst du die Glocken
der weidenden Kühe?", fragt Bibi.
„Es war eine tolle Idee von Mutti,
die Ferien auf Frau Hafners Pferdehof
hier in den Bergen zu verbringen."

Bettina Hafner ist Frau Martins Freundin.
Bibi und Tina haben versprochen,
ihr auf dem Hof ein wenig zu helfen.
Neben der Arbeit bleibt zum Glück
noch viel Zeit zum Reiten.
Natürlich sind die beiden Pferde
Sabrina und Amadeus auch dabei.
Gleich an ihrem ersten Tag
machen Bibi und Tina mit ihnen
einen Ausritt über die Almwiesen.
„Juhu! Berge!", ruft Bibi.
Die Pferde wiehern vergnügt.

„Was ist denn das da drüben, Bibi?",
fragt Tina verwundert und
bringt Amadeus zum Stehen.
Sie zeigt auf eine Felswand,
an der etwas aufgeblitzt hat.
„Da! Es blinkt nochmal", sagt Tina.
Nun hat auch Bibi es bemerkt.
Insgesamt sechsmal
ist das rätselhafte Blinken zu sehen.
„Was kann das nur sein?",
wundert sich Bibi.

Plötzlich hören die Freudinnen
ein gewaltiges Getöse aus der Luft.
Sabrina und Amadeus wiehern ängstlich.
Sie weichen erschrocken zurück.
Bibi und Tina sehen nach oben.
Ein Hubschrauber kreist über ihnen.
Er fliegt noch einen Bogen,
dann setzt er ein Stück entfernt
auf der Wiese zur Landung auf.

Die Bergretter

Mit Mühe können Bibi und Tina
ihre Pferde beruhigen.
Inzwischen hat der Pilot den Motor
des Hubschraubers abgeschaltet.
Ein Junge steigt aus.
Mit einem Fernglas beginnt er,
die Berghänge ringsherum abzusuchen.
„Wonach sucht er?", wundert sich Bibi.
„Frag ihn doch!", gibt Tina zurück.

Bibis Wangen färben sich rot.

„Du traust dich wohl nicht?",

neckt Tina ihre Freundin.

Bibi lächelt etwas verlegen.

Tina geht auf den Jungen zu und fragt:

„Hallo, wir sind Bibi und Tina.

„Wie heißt du? Und was ist hier los?"

„Ich bin Luca und mache ein Praktikum

bei der Bergrettung.

Gerade wurden Notsignale gemeldet",

erzählt der Junge.

„Notsignale?", hakt Tina nach.

„Ja, Leuchtsignale mit einem Spiegel",
sagt Luca. Bibi versteht:

„Das war das rätselhafte Blinken!"
Sie zeigt in die Richtung,
aus der das Blinken gekommen war.
Luca schaut durch sein Fernglas
und entdeckt einen Bergsteiger.
Offenbar wollte er die Felswand
des Berges hinaufklettern.
Hat ihn dann die Kraft verlassen?

„Bei einem Notsignal werden
sechs Zeichen pro Minute gegeben",
erzählt Luca den Mädchen.
In diesem Augenblick blinkt es
an der Bergwand wieder auf.
Luca bestätigt mit einer Lampe,
dass er die Zeichen gesehen hat.
So hat er es im Praktikum gelernt.
„Und was passiert jetzt?",
erkundigt sich Bibi.

„Wir retten den Bergsteiger
mit einem Seil", erklärt Luca.
„Ich könnte ihn auch herunterhexen!",
platzt es aus Bibi heraus.
Luca hält das für einen Witz.
„Dir bekommt die Höhenluft nicht",
meint er lachend und
steigt wieder in den Hubschrauber.
„Von wegen Höhenluft ... !",
grummelt Bibi beleidigt.

„Du wirst Luca schon noch zeigen,
dass du hexen kannst",
muntert Tina ihre Freundin auf.

Der Hubschrauber hat mittlerweile
die Felswand erreicht.
In schwindelnder Höhe seilt sich
ein Mann von der Bergrettung ab.
Bibi und Tina atmen erleichtert auf,
als der Mann den Bergsteiger
in Sicherheit gebracht hat.

In den Wolken

Am nächsten Tag machen Bibi und Tina
einen Ausritt auf einem Höhenweg.
Sie sind mit Bella und Toni unterwegs,
zwei Haflingern vom Pferdehof.
Bella und Toni kennen den Weg gut
und sind an die Höhe gewöhnt.
Von oben haben die beiden Mädchen
einen tollen Blick über das Tal.

„Bibi, sieh mal. Dort sind Murmeltiere",
flüstert Tina entzückt.
„Eine Mutter mit ihren Kleinen.
Sind die süß!", sagt Bibi leise.
Während die beiden die Tiere beobachten,
werden sie von Nebel umhüllt.
Frau Hafner hatte sie noch gewarnt.
In den Bergen kann sich
das Wetter sehr schnell ändern.
„Wir müssen umkehren", sagt Tina.
„In diesem dichten Nebel können wir
nur wenige Meter weit sehen!"

In diesem Moment kommt ein Schatten
auf die beiden Mädchen zu.
„Luca! Was machst du hier?",
sagt Bibi und atmet erleichtert auf.
Luca erklärt Bibi und Tina:
„Ich wandere gern in den Bergen.
Der Nebel ist nur eine Wolke.
Die ist völlig harmlos."
Doch auf der anderen Bergseite
zieht ein Unwetter auf.
Sie sollten alle nach Hause gehen.

„Ich kann euch zurückbringen,
wenn ihr den Weg nicht findet",
bietet Luca den Mädchen an.
„Eine Hexe findet jeden Weg!",
antwortet Bibi stolz.
„Ich hexe einfach eine Leuchtspur!"
Da muss Luca wieder lachen und sagt:
„Das ist doch nur eine Spinnerei!"

„So? Glaubst du?", fragt Bibi
und streckt hexend ihre Hände aus.
Tina verdreht die Augen.
Doch Bella und Toni laufen schon los.
„Die wissen, wo es zurückgeht!",
bemerkt Tina erleichtert.
„Und das ganz ohne Hexerei!",
fügt Luca grinsend hinzu.

Als sie aus der Wolke herauskommen,
hören sie ein vertrautes Wiehern.
„Das sind Sabrina und Amadeus!",
ruft Bibi überrascht.
„Tatsächlich!", staunt Tina.
Frau Hafner reitet auf Amadeus
und führt Sabrina mit sich.
„Was machen Sie denn hier?",
fragt Tina völlig verwundert.

Rettung für den Bergretter

Frau Hafner berichtet:

„Eure Pferde haben auf dem Pferdehof
immer wieder unruhig gewiehert."

„Oh! Habt ihr uns vermisst?",
fragt Bibi und tätschelt Sabrina.

„Ja", meint Frau Hafner.

„Sie haben auch das Unwetter gespürt!"
Frau Hafner hat sich schnell
mit den beiden Pferden auf die Suche
nach Bibi und Tina gemacht.

Plötzlich weht ein kalter Wind
von den Berggipfeln herab.
Das ist der Vorbote des Gewitters.
Alle frösteln und beobachten,
wie die finsteren Wolken
über den Bergrücken kriechen.
„Wir sollten schnell nach Hause!",
drängt Frau Hafner zum Aufbruch.
In diesem Moment sieht Bibi
am Hang etwas aufblitzen.

„Das ist ein Notsignal!", sagt Tina.
Es kommt von einem Sessellift,
der stehengeblieben ist.
Da ist ein Junge hoch oben
auf einem der schaukelnden Sitze!
„Das ist ja Luca!",
stellt Bibi erschrocken fest.
Schnell reiten die drei zum Lift.
„Was machst du da oben?",
ruft Bibi zu ihm hinauf.

„Ich habe mir den Knöchel verstaucht.
Mit dem Lift wollte ich noch rechtzeitig
vor dem Gewitter ins Tal kommen",
schreit Luca hilflos zurück.
Wegen des starken Windes
ist der Lift stehengeblieben.
„Wir holen Hilfe!",
verspricht Frau Hafner dem Jungen.

Der Wind wird immer stärker
und es fängt an zu regnen.
Oben am Berg blitzt es bereits.
„Es dauert zu lange, bis Hilfe kommt.
Das ist ein Fall für Hexerei!",
meint Bibi entschlossen.
„Jetzt ist keine Zeit für Witze!",
ruft Luca ihr wütend zu.
Aber Bibi legt schon los und hext:
„Eene meene kein Gekicher,
Luca landet sanft und sicher!
Hex-hex!"

Hexsternchen sausen von Bibis Händen
zu Lucas Sessel hinauf und
er landet sanft auf dem Boden.
Luca kann kaum glauben,
was eben mit ihm passiert ist.
„Du kannst ja wirklich hexen! Danke!",
japst er verblüfft.
„Das habe ich dir doch gesagt!",
meint Bibi strahlend.

Luca ist völlig durchgefroren.

Die vier brechen zum Hof auf,

damit der Junge sich aufwärmen kann.

Luca entschuldigt sich bei Bibi:

„Ich habe wirklich gedacht, du spinnst."

„Das verzeihe ich dir",

meint Bibi versöhnlich.

„Was hältst du davon,

wenn wir morgen zusammen ausreiten."

„Ich kann leider nicht reiten",

gesteht Luca verlegen.

„Das bringen wir dir bei!", sagt Tina.
Doch Luca hat eine andere Idee
und fragt: „Bibi, du kannst es mir
doch sicher bei-hexen, oder?"
„Kommt nicht in Frage!", lacht Bibi.
„Reiten kann man lernen –
im Gegensatz zum Hexen!"
Inzwischen hat sich
das Gewitter wieder verzogen.
Vergnügt erreichen alle den Pferdehof.

Einhörner, Elfen und Gespenster

Maharadscha schnaubt auffordernd.

Er reißt übermütig den Kopf hoch.

Alex beugt sich im Sattel vor.

„Ja, mein Guter", beruhigt er sein Pferd.

„Ich würde auch gern schneller reiten."

„Auch Sabrina will galoppieren!",

stimmt Bibi den beiden zu.

Tina weiß: „Unsere drei Pferde

haben Lust auf ein Wettreiten!"

„Es tut mir leid, Maharadscha,
daraus wird heute nichts",
seufzt Alex. „Wir müssen Rücksicht
auf Valerie und Lilly nehmen."
Valerie von Flunkerburg
ist eine Verwandte von Alex
und Lilly ist Valeries Pferd.
Sie sind in Falkenstein zu Besuch.
Tina dreht sich um und ruft lachend:
„He, Valerie, träum doch nicht!"

Das Ziel der vier Freunde
ist eine verwunschene Lichtung
in der Nähe von Rotenbrunn.
Dort wollen sie sogar übernachten.
„Schaut nur, da steht ein Einhorn
im Wald!", ruft Valerie aufgeregt.
Bibi, Tina und Alex wundern sich
und reiten zu Valerie zurück.
Valerie zeigt auf einen Felsen
mit einem langen, spitzen Vorsprung.

„Ach so", begreift Bibi schnell,

„du meinst kein richtiges Einhorn."

„Wieso?", kichert Valerie verträumt.

„Vielleicht ist es versteinert!"

Keine fünf Minuten später

verkündet Valerie begeistert:

„Alex, Bibi, Tina! Meine Lilly

hat ein Elfennest aufgespürt!"

Alex schaut prüfend hin und stellt fest:

„Das sind doch nur Walderdbeeren."

„Valerie hat wirklich viel Fantasie",
raunt Tina Alex beim Reiten zu.
Alex nickt: „Wenn du mich fragst,
hat sie ein wenig zu viel Fantasie."
Kurz darauf bauen die Freunde
ihr Picknick mit vielen Leckereien
vor der Ruine der Rotenburg auf.
„Oh, da drin spukt es bestimmt!",
schwärmt Valerie. Kaum abgestiegen,
stürmt sie auf die alte Burg zu.

Bibi, Tina und Alex lassen sich lieber
die lecker belegten Brote schmecken.
Ab und zu werfen sie einen Blick
zu Valerie hinüber, die alles erkundet.
„Pass auf!", ermahnt Tina sie.
„Da ist alles ganz schön kaputt.
Komm lieber zu uns zurück!"
„Kommt ihr mal her!", ruft Valerie.
„Ich habe gerade Gespenster gehört!"
Die drei Freunde verdrehen die Augen.

Pferdediebe?

Sie packen zusammen und reiten
wenig später am Lindenhof vorbei.
Die Bäuerin dort winkt ihnen zu.
Sie führt gerade ihren Rappen Blacky
aus dem Stall. Bibi bemerkt sofort:
„Oh, nanu! Woher kommt denn
die dicke Schramme
an Blackys linkem Vorderbein?"

„Wisst ihr, heute Nacht wurde ich
von lautem Krach aufgeweckt",
berichtet die Bäuerin aufgeregt.
„Der Lärm kam aus dem Stall.
Als ich eilend nach draußen kam,
stand die Stalltür weit offen."
Bibi, Tina, Alex und Valerie
staunen nicht schlecht.
„Hat etwa jemand versucht,
Blacky zu stehlen?", fragt Valerie.
Die Bäuerin nickt grimmig und brummt:
„Ja, es sieht ganz danach aus."

„Zum Glück hat mein guter Blacky
sich das nicht gefallen lassen",
sagt die Bäuerin zufrieden. Tina ahnt:
„Als Blacky sich gewehrt hat,
hat er sich die Schramme zugezogen."
Zur Sicherheit will die Bäuerin
nun mit Blacky zum Tierarzt.
Mit nachdenklicher Miene fragt Alex:
„Können wir jetzt überhaupt noch
hier in der Gegend übernachten?"

Die Sache mit den Pferdedieben
macht auch Bibi und Tina Sorgen.
„Wir haben den Zeltausflug
so lange geplant", seufzt Tina.
„Vielleicht sind die Pferdediebe
schon längst über alle Berge?"
„Hört mal, wir binden unsere Pferde
ganz dicht bei unseren Zelten an",
schlägt Bibi vor. „Unsere Lieblinge
schlagen garantiert Alarm,
wenn jemand sie entführen will."

„Wir könnten die fiesen Diebe
mit Lassos fangen!", ruft Valerie.
„Wie im Wilden Westen!"
Die Bäuerin runzelt die Stirn.
Alex vertraut ihr leise an:
„Nehmen Sie das nicht so ernst.
Valerie denkt sich öfter etwas aus."
Dann verabschieden sich die vier
und lassen den Lindenhof hinter sich.

Zu spät gehext

Als Bibi, Tina, Alex und Valerie
bei der Lichtung ankommen,
dämmert es schon ein wenig.
Die vier binden ihre Pferde
an Bäume an. Valerie jubelt laut:
„Oh, hier gibt es eine Feuerstelle!
Machen wir ein Lagerfeuer?"
Tina lächelt und antwortet:
„Ohne ein schönes Lagerfeuer
wäre es doch kein richtiges Zelten."

Zum Glück ist das Feuermachen
an dieser Stelle erlaubt.
„Das wird toll!", jubelt Valerie.
Sie bindet ihr Pferd Lilly an einen Baum.
Bald bricht die Dunkelheit herein.
Das Lagerfeuer prasselt und knackt.
Die vier Ausflügler rösten Stockbrote
über der heißen Glut.

„Ich wette, früher haben hier Hexen
ums Feuer getanzt", erzählt Valerie.
Tina zwinkert Bibi verschmitzt zu
und wirft grinsend ein:
„Vielleicht tun sie das auch heute noch."
Valerie kommt richtig in Fahrt.
Sie erzählt eine Lagerfeuer-Geschichte
nach der anderen. Bibi, Tina und Alex
hören ihr gemütlich ausgestreckt zu.

Als tief in der Nacht die Sterne
über der Lichtung blinken,
schlafen die drei Freunde fest.
Valerie dagegen dreht sich unruhig
in ihrem Schlafsack hin und her.
Plötzlich schlägt sie die Augen auf.
Sie flüstert leise zu sich selbst:
„War da draußen nicht eine Stimme?"
Vorsichtig tappt Valerie aus dem Zelt.
Sofort bemerkt sie, dass ihr Pferd Lilly
nicht mehr an ihrem Baum steht.

Suchend blickt das Mädchen sich um.
Am Rand der Lichtung bewegen sich
drei Schatten im Mondschein.
„Zwei Männer und ein Pferd!",
wispert Valerie. Ihr stockt der Atem.
Kurz steht sie da wie eingefroren,
dann schlägt sie Alarm und ruft laut:
„Hilfe! Meine Lilly wird entführt!"
Aus dem Zelt murmelt Bibi genervt:
„Valerie, du kannst uns morgen
wieder Geschichten erzählen."

Erst als Valerie noch einmal ruft,
kommt Bibi verschlafen ins Freie.
Valerie berichtet ihr aufgeregt,
was sie gerade beobachtet hat.
Bibi ist auf einen Schlag hellwach!
Sie hext schnell: „Eene meene Glück,
Lilly komm zurück! Hex-hex!"
Doch Lilly taucht nicht wieder auf.
Bibi seufzt: „Lilly und ihre Entführer
sind bestimmt schon zu weit weg."

Auch Alex und Tina sind nun wach.

„Wäre ich doch schneller gewesen",

murmelt Bibi ihnen zerknirscht zu.

Tina tröstet ihre Freundin:

„Woher solltest du denn wissen,

dass Valerie es diesmal ernst meint?"

Valerie stehen Tränen in den Augen.

„Meine arme Lilly!", schnieft sie.

„Wohin bringen die Diebe sie nur?"

Schreck im Versteck

Alex grübelt: „Womöglich sind das
die gleichen Diebe wie beim Lindenhof.
Sie haben hier in der Nähe
vielleicht ein gutes Versteck."
Bibi schnipst und ruft: „Alex, das ist es!"
Alex hat sie auf eine Idee gebracht.
„Valerie, gestern bei der Rotenburg
hast du doch von Gespenstern erzählt.
Hast du wirklich etwas gehört?"

Valerie nickt eifrig und berichtet:

„Dort war ein unheimliches Flüstern.

Meinst du etwa, dass die Diebe

sich in der alten Burg verstecken?"

„Es könnte sein", antwortet Bibi.

Rasch steigen Bibi, Tina und Alex

auf ihre Pferde. Valerie reitet mit Bibi.

Kurz bevor sie bei der Ruine ankommen,

binden die Freunde ihre Pferde an.

Nun heißt es: Leise anschleichen.

Rabenschwarz ragt die Burgruine
vor den vieren auf.
Mit einem Mal schnaubt ein Pferd.
Es dringt aus dem alten Gemäuer.
Alex haucht: „Leute, wir sind wirklich
auf der richtigen Fährte!"
Plötzlich knackt es laut wie ein Schuss.
Alex ist auf einen Ast getreten.
„Mist!", ruft er. Kurz herrscht Stille,
dann fliegt die Tür zur Burg auf.

Ein Mann stürmt ins Freie und ruft:
„Hallo, jemand da? Ich bin bewaffnet!"
Drohend hält der aufgeregte Mann
ein schweres altes Brett in die Höhe.
Bibi hext flink: „Eene meene Schuft,
du gehst in die Luft! Hex-hex!"
„Waaa!", schreit der Mann verdattert.
Er schwebt wie ein Ballon durch die Luft.
Der Mann schwingt das Brett wild herum
und trifft die Mauer der alten Burg.
Ein bedrohliches Knirschen ertönt.

Mit schrecklichem Gerumpel
stürzt der Eingang zur Burgruine ein.
„Lilly!", keucht Valerie entsetzt.
In Windeseile hext Bibi
die herabgestürzten Steine beiseite.
In der alten Burg treffen die vier
auf den anderen Dieb und drei Pferde.
Eines davon ist Lilly. Die armen Pferde
drängen sich verstört aneinander.
Zum Glück sind alle unversehrt.

Überglücklich läuft Valerie zu Lilly.
Bibi hext die Diebe in Fesseln
und Alex ruft bei der Polizei an.
Während Valerie mit Lilly knuddelt,
rät Tina ihr: „In Zukunft sagst du,
ob etwas wahr oder ausgedacht ist.
Die Leute sollen dir glauben,
wenn etwas wirklich ernst ist."
Valerie nickt und antwortet lachend:
„Was ich heute erlebt habe,
wird mir trotzdem niemand glauben!"

Hufeisen-Quiz

Die große Pony-Party

1 **Warum backt Frau Martin Leckereien?**

R ◯ um sie auf dem Fest zu verkaufen

B ◯ weil sie es Mia versprochen hat

P ⊗ als Geschenk für die Ponys

2 **Die Ponys helfen beim Suchen. Wie machen sie das?**

E ◯ Sie können gut sehen.

F ◯ Sie können gut riechen.

L ◯ Sie können gut hören.

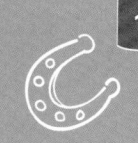

Hufeisen-Quiz

Spuk auf dem Martinshof

3 **Tante Paula will einen Kuchen backen.**

T ⃝ Sie hat ein Rezept gefunden.

E ⃝ Sie hat ein Rezept erfunden.

A ⃝ Sie hat ein Rezept empfunden.

4 **Wann bemerkt Bibi, dass der Kobold ein Tier ist.**

R ⃝ als etwas durch den Stall düst

D ⃝ als die Schaufel umfällt

C ⃝ als der Eimer umfällt

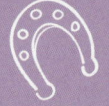

Hufeisen-Quiz

Hilfe, ein Lama!

5 Was zeigen Bibi und Tina dem Lama als erstes?

D ⃝ die Koppel mit den Pferden

H ⃝ die Küche von Frau Martin

K ⃝ das Ruderboot am See

6 Was schickt der Graf am nächsten Morgen zum Martinshof?

U ⃝ ein zweites Lama

S ⃝ ein neues Pferd

E ⃝ Lamafutter

Hufeisen-Quiz

Flammen auf dem Martinshof

7 **Wie gelingt es,**
Snoopy zu beruhigen?

Z ◯ Tina gibt dem Pony eine Möhre.

S ◯ Bibi hext eine Blumenwiese.

X ◯ Alex sagt, der Brand sei gelöscht.

8 **Wer löscht das Feuer?**

W ◯ der Regen

N ◯ Holger

T ◯ die Feuerwehr

Hufeisen-Quiz

Pferde-Abenteuer in den Bergen

9 **Weshalb hält Tina bei ihrem ersten Ausritt an?**

Ä ⬤ Sie hat an einer Felswand ein Blinken bemerkt.

Ö ⬤ Amadeus hat sich verletzt.

Ü ⬤ Es geht vor ihr nicht weiter.

10 **Wie will Bibi sich und Tina zum Reiterhof bringen?**

G ⬤ Sie will den Nebel weghexen.

F ⬤ Sie will ihre Pferde fliegen lassen.

L ⬤ Sie will eine Leuchtspur hexen.

Hufeisen-Quiz

Pferdedieben auf der Spur

11 **Wo stand Blacky, als die Diebe ihn entführen wollten?**

L ○ im Stall

M ○ auf der Koppel

N ○ an einen Baum angebunden

12 **Warum kommt Bibi nachts nicht schneller aus ihrem Zelt?**

F ○ Valerie ruft zu leise.

E ○ Valerie hat vorher oft falschen Alarm gegeben.

D ○ Sie muss vorher noch hexen.

Lösungswort

Hast du alle Quiz-Fragen beantwortet?
Dann trage hier die Buchstaben der
richtigen Antworten ein.

1	2	3	4	5	6	7	8	9	10	11	12

Tipp: Das Lösungswort hat etwas mit
den Geschichten zu tun!

Bibi & Tina®

Noch mehr Lesestoff mit den beiden Freundinnen!

 ISBN 978-3-12-949258-1 — Rehkitz in Not!

 ISBN 978-3-12-949495-0 — Ein total verrückter Tag

 ISBN 978-3-12-949333-5 — Das kleine Schweinchen Rosa

 ISBN 978-3-12-949662-6 — Fohlen Felix und der verflixte Schnupfen

 ISBN 978-3-12-949640-4 — Zwillingsalarm auf dem Martinshof

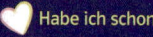

❤ Habe ich schon. ❤ Habe ich schon. ❤ Habe ich schon. ❤ Habe ich schon. ❤ Habe ich schon.

❤ Wünsche ich mir. ❤ Wünsche ich mir. ❤ Wünsche ich mir. ❤ Wünsche ich mir. ❤ Wünsche ich mir.

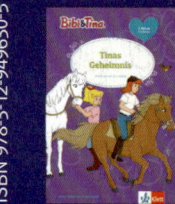 ISBN 978-3-12-949630-5 — Welpen in Gefahr!

 ISBN 978-3-12-949494-3 — Tinas Geheimnis

 ISBN 978-3-12-949411-0 — Gefährliche Schatzsuche

 ISBN 978-3-12-949531-5 — Mikosch haut ab!

ISBN 978-3-12-949334-2 — Pferde-Abenteuer am Meer

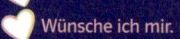

❤ Habe ich schon. ❤ Habe ich schon. ❤ Habe ich schon. ❤ Habe ich schon. ❤ Habe ich schon.

❤ Wünsche ich mir. ❤ Wünsche ich mir. ❤ Wünsche ich mir. ❤ Wünsche ich mir. ❤ Wünsche ich mir.

 ISBN 978-3-12-949641-1 — Amadeus beim Film

 ISBN 978-3-12-949631-2 — Die Gespensterjagd

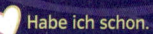

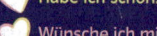

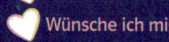

❤ Habe ich schon. ❤ Habe ich schon.

❤ Wünsche ich mir. ❤ Wünsche ich mir.

Erhältlich im Buchhandel.
Weitere Infos: www.klett-lerntraining.de

© 2021 KIDDINX Studios GmbH, Berlin Lizenz durch KIDDINX Media GmbH, Lahnstr. 21, 12055 Berlin

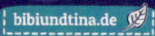 bibiundtina.de